AF359899

NOTE

SUR LA

TRANCHÉE OUVERTE EN 1884

A MONTREUIL-BELLAY

PAR L'ADMINISTRATION DES CHEMINS DE FER DE L'ÉTAT
SUR LA LIGNE DE POITIERS A ANGERS

PAR

M. A. DEVAUX

———

Extrait du *Bulletin de la Société d'Études Scientifiques d'Angers*
(année 1885)

———

ANGERS

IMPRIMERIE-LIBRAIRIE GERMAIN ET G. GRASSIN
RUE SAINT-LAUD

—

1886

NOTE

SUR LA

TRANCHÉE OUVERTE EN 1884

A MONTREUIL-BELLAY

PAR

L'Administration des Chemins de Fer de l'État,
sur la ligne de Poitiers à Angers

PAR

M. A. DEVAUX

Membre correspondant.

Cette tranchée, creusée à l'extrémité du plateau sur lequel est construit Montreuil-Bellay, sur le bord de la vallée du Thouet, traverse les quatre étages du terrain jurassique désignés par Alcide d'Orbigny sous les noms de *Bajocien*, *Bathonien*, *Callovien*, *Oxfordien*.

Cette classification ayant été modifiée depuis, par la plupart des auteurs, et, d'un autre côté, les divers étages de la période jurassique ayant été subdivisés en sous-étages, qui ont reçu de nombreux noms synonymiques, j'ai cru devoir ranger les fossiles recueillis dans les divers terrains constituant la tranchée de Montreuil-Bellay suivant la classification établie par M. le professeur Renevier, de Lausanne, dans son excellent *Tableau des terrains sédimentaires formés pendant les époques de la phase organique du globe* (1).

---

(1) *Bulletin de la Société Vaudoise des Sciences naturelles.*

PÉRIODES Formations ou groupes. Subdivisions presque universelles.	ÉPOQUES OU SYSTÈMES Subdivisions d'une valeur très générale; grands étages de d'Orb.	SOUS-ÉTAGES selon Alcide d'Orbigny.	ÉTAGES facies ± locaux ou régionaux; dits souvent sous-étages.
JURASSIQUE	Bathonien jurassique inférieur.	BAJOCIEN INFÉRIEUR	AALENIEN Mayer 1864, de Aalen (Wurtemberg). Syn. Malière. — Bajocien inférieur. Zone des *Am. Sauzei* et *Am. Murchisonæ* Oppel.
		OOLITHE INFÉRIEURE	BAJOCIEN d'Orbigny 1844, de Bayeux (Calvados). Syn. Oolite inférieure. — Lædonien, Marcou. Zone des *Am. Humphriesianus*, Oppel.
		BAJOCIEN SUPÉRIEUR BATHONIEN INFÉRIEUR	VÉSULIEN Marcou 1848, de Vesoul (Haute-Saône). Syn. Fuller's-earth. — Bathonien et Bajocien d'Orbigny. Zone des *Am. Parkinsoni*, Oppel.
		GRANDE OOLITHE	BRADFORDIEN Desor 1859? de Bradford (Angleterre). Syn. Grande oolithe. — Bathonien d'Orbigny. Zone des *Ter. lagenalis* et *Ter. digona*, Oppel.
	Oxfordien jurassique moyen.	OXFORD INFÉRIEUR OXFORD-CLAY	KELLOVIEN d'Orbigny 1844, de Kellovay (Anglet.). Syn. Oxfordien inférieur ou ferrugineux. — Oxford-Clay. — Callovien de d'Orbigny. Zone des *Am. anceps* et *Am. macrocephalus*, Oppel.
		OXFORD MOYEN CALLOVIEN	DIVÉSIEN de l'argile de Dives (Calvados). Syn. Oxfordien moyen ou argileux. — Oxford-Clay. — Callovien d'Orbigny. Zone des *Am. biarmatus* (*perarmatus*) et *Am. athleta*, Oppel.
		OXFORD SUPÉRIEUR	ARGOVIEN Marcou 1848, de l'Argovie (Suisse). Syn. Oxfordien supérieur ou calcaire.— Oxfordien d'Orbigny.—Pholadomyen et Spongitien, Etallon. Zone des *Am. transversarius*, Oppel.

Un fait remarquable dans la stratification de cette tranchée, c'est le peu d'importance des étages; à part l'étage aalenien ou bajocien inférieur, qui mesure 10 mètres (1), les autres étages ont une très faible épaisseur.

Toutes les assises de ces étages sont placées presque horizontalement, comme tous les calcaires jurassiques des contrées environnantes et se touchant généralement sur tous les points, à part quelques endroits où elles sont séparées par de petites couches d'argile d'une très faible épaisseur.

Plusieurs bancs des étages aalenien, bajocien et vésulien, contiennent des silex pyromaques noirâtres et quelquefois presque noirs, disposés par zones dont l'épaisseur ne dépasse pas généralement 120 à 150 millimètres.

Ces couches géologiques se présentent sur une assez grande étendue. Toute la plaine, à l'extrémité de laquelle se trouve creusée la tranchée qui nous occupe, plaine dite *la Champagne* et qui s'étend entre Montreuil et le canal de la Dive, d'un côté, et les villages d'Antoigné et de Méron, de l'autre, présente la même stratification ; parfois, cependant, le calcaire se montre à la surface du sol.

Au nord et à environ deux kilomètres de Montreuil-

---

(1) La tranchée n'atteignant pas cette profondeur, pour me rendre compte de l'importance de cet étage, j'ai dû descendre dans deux puits voisins de la tranchée, où j'ai pu recueillir plusieurs fossiles caractéristiques de l'étage aalénien, tels que : les *Ammonites Murchisonæ, Sowerby, Sauzei, Brongniarti, Turbo gibbosus*, etc.

Bellay, sur la rive gauche du Thouet, à un endroit où existaient les carrières du Chalet, aujourd'hui abandonnées, on rencontre encore les mêmes couches géologiques.

Au point de vue minéralogique, la tranchée offre plusieurs espèces de roches.

Les étages aalénien, bajocien, vésulien, sont formés d'un calcaire compact d'un blanc jaunâtre ou grisâtre, sans oolithes et à cassure légèrement grenue.

L'étage bradfordien est formé partie d'un calcaire semblable à celui des étages aalénien, bajocien et vésulien, partie d'un calcaire blanc bleuâtre très dur, à texture très fine, empâtant intimement les fossiles, qui y sont en assez grande quantité.

Ce calcaire, non oolithique, est susceptible de prendre un beau poli brillant, analogue à celui du marbre.

Dans ces quatre étages, on rencontre en petites quantités du *fer sulfuré*, avec des teintes bleues ou bien d'un jaune cuivreux et en petits cristaux aciculaires disposés en rosaces brillantes.

On trouve, par plaques, dans la roche, ou disséminé, du *cuivre carbonaté vert*.

Dans le banc dur de calcaire blanc bleuâtre de l'étage bradfordien, j'ai trouvé, à un endroit seulement, grâce aux indications qui m'ont été fournies par M. Landré, inspecteur principal des chemins de fer de l'État, à Tours, qui a également étudié cette tranchée, de la *galène*, par petites parties isolées ; elle remplace quelquefois partiellement le test de Brachiopodes ou de Lamellibranches.

Dans les Ammonites et dans les Terebratules surtout, on peut voir de la *chaux carbonatée en cristaux dodécaédriques raccourcis*, de même que de la *chaux carbonatée spathique*.

L'étage kellovien et l'étage divesien renferment une grande quantité de fossiles; les ammonites surtout sont en grande abondance ; par endroits, elles se trouvent par bancs, quelques-unes sont parfaitement conservées. J'ai pu recueillir plusieurs *Ammonites Backeriæ* avec leur bouche complète (1).

Les *Ammonites anceps, Backeriæ, Martinsii*, etc., et les fossiles de la classe des Brachiopodes, ont conservé leur test.

Contrairement à l'étage bradfordien, où les fossiles sont empâtés dans des bancs formés d'une roche friable dans laquelle les fossiles sont sans consistance et se brisent au toucher, ou renfermés dans une roche relativement dure d'où ils ne peuvent être extraits que brisés et très rarement entiers, les fossiles des étages kellovien et divesien sont faciles à dégager de la gangue, et il suffit parfois d'un coup de marteau adroitement appliqué pour obtenir le dégagement, parfait de toute une face d'ammonite jusqu'au fond de l'ombilic.

L'intérieur de la plupart des *Ammonites, Nautiles, Rynchonelles* et *Terebratules*, est composé de chaux carbonatée en cristaux dodécaédriques.

Le calcaire formant les étages kellovien et divesien

---

(1) M. Lucas, pharmacien à Montreuil, possède dans sa collection trois *A. bullatus* avec leur bouche complète.

d'une structure lamelleuse, est mélangé de fer sulfuré, en petits cristaux aciculaires; on y trouve également, comme dans les étages inférieurs désignés plus haut, du *cuivre carbonaté vert*, de la *chaux carbonatée en cristaux dodécaédriques* et de la *chaux carbonatée spathique*, de même que du *fer hydraté épigène quadrioctogonal*.

Le banc inférieur de l'étage kellovien est formé d'un calcaire blanc jaunâtre, peu dur, avec des oolithes ferrugineuses clairsemées ; il renferme beaucoup d'*Ammonites anceps* et *macrocephalus*.

L'étage argovien, quoique très fossilifère, est bien moins riche que les étages kellovien et divesien.

La roche qui compose cet étage est formée d'un calcaire compact, d'un gris jaunâtre ou grisâtre, mais bien plus foncé de ton que le calcaire formant les couches des étages aalénien, bajocien et vésulien ; sa dureté est plus grande. Cette roche ne contient pas d'oolithes ; elle a une cassure légèrement grenue.

Les fossiles contenus dans cet étage conservent rarement leur *test*, à part quelquefois sur les moules des lamellibranches (*pinna*) et des brachiopodes (*terebratula* et *rhynchonella*).

Comme dans les étages kellovien et divesien, on trouve l'intérieur des fossiles formant *géodes*, avec des cristaux dodécaédriques de chaux carbonatée.

FOSSILES DE L'ÉTAGE AALÉNIEN [1]

CLASSE DES MOLLUSQUES CÉPHALOPODES

Ordre des Tentaculifères

FAMILLE DES AMMONITIDÉES

Ammonites Brongnarti, Sow., 1817, Min. conch., t. 2,
    p. 289, pl. A.

—   *Brocchii,* Sow., 1818, Min. et conch., pl. 202;
    fig. 3.

—   *Gervillei,* Defr., Dict. des sc. nat., pl. 1,
    fig. 5.

Globites Brongniartii, Haan, 1825, Amm. et Goniatites,
    p. 148, n° 12.

Ammonites Murchisonæ, Sow., d'Orb., p. 367, pl. 120.

—   *binus,* Sow., 1815, Min. conch., t. 1, p. 307,
    pl. 92, fig. 3.

—   *læviusculus,* Sow., 1824, Min. conch., t. 5,
    p. 73, pl. 451, fig. 1-2.

—   *corrugatus,* Sow., 1824, Min. conch., t. 5,
    p. 74, pl. 451, fig. 3.

—   *binus,* Haan, 1825, Amm. et Goniat.,
    p. 142, n° 95.

—   *læviusculus,* d'Orb., 1825, Céphal., p. 76.

Ammonites Sauzei, d'Orb., 1845, p. 407, pl. 139.

---

(1) Mes fossiles ont été déterminés d'après la Paléontologie
française d'Alcide d'Orbigny.

Cette note ayant été faite dans un intérêt tout local, j'ai, pour
faciliter le travail aux jeunes géologues, donné tous les noms
synonymiques des principaux auteurs.

Ammonites Sismondæ, d'Orb., 1844, p. 309, pl. 97,
fig. 1-2.

Ammonites Sowerby, Miller, 1818 ; d'Orb., p. 364,
pl. 119.
— *Sowerby*, Miller, Sow., 1818, Min. conch.,
t. 3, p. 23, pl. 213 (la coquille).
— *Browni*, Sow., 1820, Min. conch., t. 3,
p. 113, pl. 163 (le moule).
— *Browni*, Haan, 1825, Amm. et Goniat.,
p. 118, n° 34.
— *Sowerby*, Haan, 1825, Loc. cit., p. 137,
n° 84.
— *Murchisonæ*, Sow., 1827, Min. conch., t. 6,
p. 93, pl. 550.
— *Murchisonæ*, Zieten, 1830, Wurt., p. 8,
pl. 6, fig. 1-4.
— *punctatus*, Zieten, 1830, Wurt., pl. 10,
fig. 4.
— *hecticus*, Zieten, 1830, Wurt., pl. 10, fig. 8.
— *Murchisonæ*, Rœmer, Wurt., p. 184, n° 7.
— *Murchisonæ*, Bronn, Leth. géog., p. 426,
t. 22, fig. 3.

CLASSE DES MOLLUSQUES GASTÉROPODES

FAMILLE DES TROCHIDÉES

Turbo gibbosus, d'Orb., 1847, p. 342, pl. 330, fig. 1-3.
— *lævigatus*, Phill., 1835, Yorksh., p. 129,
pl. 11, fig. 31.
Delphinula gibbosa, Thorent, 1857, Mém. de la Soc.
géol., 3, p. 260, pl. 22, fig. 10.

FOSSILES DE L'ÉTAGE BAJOCIEN

CLASSE DES MOLLUSQUES CÉPHALOPODES

Ordre des Tentaculifères

FAMILLE DES NAUTILIDÉES

Nautilus lineatus, Sow., 1813, Min. conch., t. 1, p. 89, pl. 41.

FAMILLE DES AMMONITIDÉES

Ammonites Boucaultianus, d'Orb., 1844, pl. 90 et 97, fig. 3-5.

Ammonites discus, Sow.; d'Orb., p. 394, pl. 131.
— *discus*, Sow., 1813, Min. conch., t. 1, p. 37, pl. 12.
— *discus*, Zieten, 1830, Petr. du Wurt., p. 21, pl. 16, fig. 3.
— *discus*, Pothiez et Michaud, 1838, Gal. des Moll. de Douai, t. 1, p. 14.

Ammonites Gervillei, Sow.; d'Orb., p. 409, pl. 140.
— *Gervillei*, Sow., 1817, Min. conch., t. 2, p. 189, pl. A, fig. 2.
— *Brongniartii*, Defr., Dict. des sc. nat., pl. 2, fig. 2.
Globites Gervillei, Haan, 1825, Amm. et Goniat., p. 135, n° 74.
Ammonites Gervillei, Desh., 1831, Coq. caract., p. 238, pl. 7, fig. 1-2.

Ammonites Braikenridgii, Sow., 1817 ; d'Orb.,
p. 400, pl. 135, fig. 2-3.
—   *Braikenridgii*, Sow., 1817, Min. conch.,
t. 2, p. 187, pl. 184.
—   *Braikenridgii*, Defr., Dict. des sc. nat.,
pl. 2, fig. 4.
—   *Braikenridgii*, de Haan, 1825, Amm. et
Goniat., p. 135, n° 80.

Ammonites linguiferus, d'Orb., 1845, p. 402, pl. 136.
—   *Deslongchampsii*, Defr., Dic. des sc. nat.,
fig. 2.

Ammonites polimorphus, d'Orb., 1844, p. 379, pl. 124.

Ammonites subradiatus, Sow.; d'Orb., p. 362, pl. 118.
—   *subradiatus*, Sow., 1823., Min. conch., t. 5,
p. 23, pl. 421, fig. 2.
—   *subradiatus*, d'Orb., 1825, Prod. des
Céphal., p. 76.
—   *depressus*, var. *a* Buch, 1831, Pétrif. remar-
quables, pl. 1, fig. 4.

Ammonites Taylori, Sow.; d'Orb., p. 323, pl. 102,
fig. 3-5.
—   *Taylori*, Sow., 1826, Min. conch., t. 6,
p. 23, pl. 514, fig. 1.
—   *proboscideus*, Zieten, 1830, Wurtemberg,
p. 13, pl. 10, fig. 1.

Ammonites Tessonianus, d'Orb., 1845, pl. 130, fig. 1-2.

CLASSE DES MOLLUSQUES GASTÉROPODES

Ordre des Pectinibranches

FAMILLE DES HALIOTIDÉES

Pleurotomaria Actæa, d'Orb.; d'Orb., 1847, p. 459,
pl. 375.

Pleurotomaria Actinomphala, Deslong. ;　d'Orb. ,
p. 458, pl. 374.

Pleurotomaria amœna, Deslong. ,　1848 ;　d'Orb. ,
p. 486, pl. 389, fig. 1-5.
— 　*Amœna* , Deslong., 1848 , Pleurot., p. 144,
pl. 13, fig. 6.

Pleurotomaria constricta, Deslong.; d'Orb., p. 456,
pl. 372.
— 　*constricta*, Deslong., 1848, Pleurot., p. 42,
pl. 2, fig. 3.

Pleurotomaria ornata, Deslong., 1848; d'Orb., p. 449,
pl. 366-367.
Trochus ornatus, Sow., 1818, Min. conch., t. 3, p. 39,
pl. 221, fig. 1.
Pleurotomaria ornata, var. *a, macroptyca,* Deslong.,
Pleurot., p. 36, pl. 5, fig. 2.
— 　*ornata*, var. *b, sublævigata,* Deslong.,
Pleurot,, p. 36, pl. 5, fig. 1.
— 　*ornata*, var. *c, aptyca,* Deslong., Pleurot.,
p. 37, pl. 5, fig. 3.
— 　*ornata*, var. *d , sulcifera,* Deslong.,
Pleurot., p. 37, pl. 4, fig. 4,

Pleurotomaria textilis, Deslong., 1848; d'Orb., p. 192,
pl. 391, fig. 6-10.

—   *textilis*, Deslong., 1848, Pleurot., p. 63,
pl. 9, fig. 2.

FAMILLE DES BUCCINIDÉES

Purpurina Bathis, d'Orb., pl. 330, fig. 6-8.

Purpurina ornata, d'Orb., pl. 330, fig. 4-5.

FAMILLE DES PYRAMIDELLIDÉES

Chemnitzia disparilis, d'Orb., 1850, p. 47, pl. 243,
fig. 6.

Chemnitzia lineata, d'Orb., 1847, p. 43, pl. 239,
fig. 4-5.

Melania lineata, Sow., 1818, Min. conch., t. 3, p. 33,
pl. 218, fig. 1.

Chemnitzia Sarthacensis, d'Orb., 1850, p. 46, pl. 240,
fig. 4-6.

Chemnitzia procera, d'Orb., 1847, p. 41, pl. 239,
fig. 2-3 (sous le nom de *Turris*).

FAMILLE DES NATICIDÉES

Natica abducta, Phill., 1835; d'Orb., p. 189, pl. 289,
fig. 4-5.

—   *abducta*, Phill., 1835, York, p. 120, pl. 11,
fig. 35.

Natica Bajocencis, d'Orb., 1847, p. 189, pl. 289,
fig. 1-3.

Natica Loricrei, d'Orb., 1847, p. 190, fig. 6-7.

FAMILLE DES STROMBIDÉES

Pterocera Balanus, d'Orb., pl. 430, fig. 9-10.

CLASSE DES MOLLUSQUES LAMELLIBRANCHES

FAMILLE DES TRIGONIDÉES

Trigonia costata, Park.; Sow., 1815, Min. conch.,
t. 1, p. 195. pl. 85.
— *costata,* Zieten, pl. 58, fig. 5.
— *lineolata,* Agass., pl. 4, fig. 1-5.

FOSSILES DE L'ÉTAGE VÉSULIEN

CLASSE DES MOLLUSQUES CÉPHALOPODES

Ordre des Acetibulafères

DIVISION DES DÉCAPODES

FAMILLE DES BELEMNITIDÉES

Belemnites bessinus, d'Orb., p. 110, pl. 13, fig. 7-13.

Ordre des Tentaculifères

FAMILLE DES AMMONITIDÉES

Ammonites Martiusii, d'Orb., 1845, p. 381, pl. 125
(sous le faux nom d'*A. Bajocensis*).

Ammonites subradiatus, Sow., 1823 ; d'Orb., p. 362,
pl. 118.
— *subradiatus,* Sow., 1823, Min. conch., t. 5,
p. 23, pl. 421, fig. 2.
— *depressus,* var. *a,* Buch, 1831, Pétrif.
remarq., pl. 1, fig. 4.

Ammonites tripartitus, Rasp., 1831 ; d'Orb., p. 496,
pl. 197, fig. 1-4.
— 		*tripartitus*, Rasp., 1831, Lycé. Ann. des
sc. d'obs., 1829, pl. 11, fig. 5, pl. 12,
fig. 7.
— 		*quadrisulcatus*, d'Orb., 1841, Paléont.
franç., ter. crét., t. 1, p. 51, n° 60,
pl. 49, fig. 1-3.
— 		*Eugenii tripartitus*, Rasp., 1842, Hist. des
Amm., pl. 11, fig. 5.

Ammonites viator, d'Orb., 1845, p. 471, pl. 172,
fig. 1-2.

CLASSE DES MOLLUSQUES GASTÉROPODES

Ordre des Pectinibranches

FAMILLE DES PYRAMIDELLIDÉES

Chemnitzia disparilis, d'Orb., 1850, p. 47, pl. 243,
fig. 6.

Chemnitzia lineata, d'Orb., 1847, p. 43, pl. 239,
fig. 4-5.
Melania lineata, Sow., 1818, Min. conch., t. 3, p. 33,
pl. 218, fig. 1.
— 		*lineata*, Phill., 1835, Yorkshire, p. 129.

Chemnitzia procera, d'Orb., 1847, p. 41, pl. 239,
fig. 2-3 (sous le nom de *Turris*).
Melania procera, Deslong., 1843, Mém. de la Soc.
linn. de Normandie, t. 7, p. 222, pl. 12,
fig. 7.

Chemnitzia Sarthacencis, d'Orb., 1850, p. 46, pl. 240,
fig. 4-6.

FAMILLE DES NATICIDÉES

Natica abducta, Phill., 1835 ; d'Orb., p. 189, pl. 289,
fig. 4-5.
— *abducta,* Phill., 1835, Yorck, p. 120, pl. 11,
fig. 35.

Natica bajocencis, d'Orb., 1847, p. 189, pl. 289,
fig. 1-3.

Natica Lorieri, d'Orb., 1847, p. 190, pl. 289, fig. 6-7.

FAMILLE DES TROCHIDÉES

Turbo gibbosus, d'Orb., 1847, p. 342, pl. 330, fig. 1-3.
— *lævigatus,* Phill., 1835, Yorksh., p. 129,
pl. 11, fig. 31 (non Deshayes, 1824).
Delphinula gibbosa, Thorent, 1857, Mém. de la Soc.
géol., 3, p. 260, pl. 22, fig. 10.

FAMILLE DES HALIOTIDÉES

Pleurotomaria Ebrayana, d'Orb., 1854, p. 483, pl. 387.

FAMILLE DES BUCCINIDÉES

Purpurina elegantula, d'Orb., 1847.

Jolie espèce allongée, à tours anguleux, carenés
tuberculeux sur la carène, ornée en avant de quatre
côtes simples.

FAMILLE DES STROMBIDÉES

Pterocera balanus, Deslong., 1843, t. 7, p. 168, pl. 9,
fig. 12-13.

CLASSE DES MOLLUSQUES LAMELLIBRANCHES

FAMILLE DES OSTREIDÉES

Lima gibbosa, Sow., 1817, t. 2, p. 119, pl. 152,
fig. 1-2.

Pecten virguliferus, Phill., 1829, Yorksh., p. 128,
pl. 11, fig. 20.

— *ambiguus*, Goldf., pl. 99, fig. 5.

FAMILLE DES AVICULIDÉES

Avicula digitata, Deslong., 1837, Mém. de la Soc. linn.
de Norm., p. 40, pl. 1, fig. 7.

— *Münsteri*, Bronn, Goldf., 1838, t. 2,
p. 130, pl. 118, fig. 2.

— *inæquivalvis*, Phill., p. 128.

FAMILLE DES TRIGONIADÉES

Trigonia costata, Parkins.; Sow., 1815, Min. conch.,
t. 1, p. 195, pl. 85, Zieten, pl. 58, fig. 5.

— *lineolata*, Agass., pl. 4, fig. 1-5.

FAMILLE DES CYPRINIDÉES

Astarte detrita, Goldf., 1839, p. 134, fig. 13.

— *elegans major*, Zieten, pl. 62, fig. 1.

— *elegans*, Phill., 1829, p. 127, pl. 11, fig. 41.

Astarte Tipha, d'Orb., 1847.

Espèce voisine, par ses stries concentriques fines,
de l'*A. trigona*, mais presque carrée, tronquée carré-
ment à la région anale.

Myoconcha crassa, Sow., 1824, Min. conch., t. 5,
p. 103, pl. 467.

Mytilus sulcatus, Goldf., pl. 129, fig. 4.

Pholadomya Amathusia, d'Orb., 1847.

Espèce renflée, oblique, lisse, avec seulement quelques plis transverses aux crochets, sur la région anale ; celle-ci tronquée obliquement.

Pholadomya Angustata, Sow., 1822, t. 4, p. 29, pl. 327.

— *siliqua*, Agass., 1842, Étude critique, p. 121, pl. 36, fig. 13-15.

Pholadomya crassa, Agass., 1842, Étude critique, p. 81, pl. 6 *d*, fig. 1-3.

FAMILLE DES MYACIDÉES

Panopea decurtata, d'Orb., 1847.

Amphidesma decurtatum, Phill., 1839, p. 115, pl. 7, fig. 11.

CLASSE DES MOLLUSQUES BRACHIOPODES

FAMILLE DES RHYNCHONELLIDÉES

Rhynchonella angulata, d'Orb., 1847.

Terebratula angulata, Sow., 1825, t. 5, p. 165, pl. 502, fig. 4.

Rhynchonella Bajociana, d'Orb., 1847.

Espèce voisine du *R. quadriplicata*, mais avec les côtes plus nombreuses, sans avoir les dépressions latérales du *R. plicatella*.

Rhynchonella Orbignyana quadriplicata, Baugier, 1847.

Terebratula quadriplicata, Zieten, 1830, Wurtemb., p. 55, pl. 41, fig. 3.

2

Rhynchonella plicatella, d'Orb., 1847.

Terebratula plicatella, Sow., 1825, Min. conch., t. 5,
p. 167, pl. 503.

Rynchonella Theodori acuticosta, d'Orb., 1847.

Terebratula acuticosta, Hehl, Zieten, 1830, p. 58,
pl. 43, fig. 2.
—   *Theodori*, Schloth., 1820.
—   *Theodori*, de Buch, 1834, Mém. de la Soc.
géol. de Fr., t. 3, pl. 15, fig. 19.

FAMILLE DES TEREBRATULIDÉES

Terebratula fimbria, Sow., 1822, t. 4, p. 27, pl. 326.

Terebratula Kleinii, Lam., 1819, An. sans vertèbres,
t. 6, p. 252, n° 33.
—   *bullata*, Sow., 1823, Min. conch., t. 5,
p. 49, pl. 435, fig. 4.
—   *globata*, Sow., pl. 436, fig. 1.

Terebratula perovalis, Sow., 1823, t. 5, p. 51, pl. 436,
fig. 2-3.
—   *intermedia*, Zieten, pl. 39, fig. 3.

Terebratula sphœroidalis, Sow., 1823, t. 5, p. 49,
pl. 435, fig. 3.
—   *bullata*, Zieten, pl. 40, fig. 6.

CLASSE DES ZOOPHYTES

Lasmosmilia Bajocina, d'Orb., 1848.

Espèce allongée, irrégulière, souvent branchue ou
arquée en différents sens.

FOSSILES DE L'ÉTAGE BRADFORDIEN

CLASSE DES MOLLUSQUES CÉPHALOPODES

Ordre des Tentaculifères

FAMILLE DES NAUTILIDÉES

Nautilus biangulatus, d'Orb., p. 160, pl. 134.

FAMILLE DES AMMONITIDÉES

Ammonites arbustigerus, d'Orb., 1845, p. 414, pl. 143.

Ammonites biflexuosus, d'Orb., 1845, p. 422, pl. 147.

Ammonites discus, Sow.; d'Orb., p. 394, pl. 131.

    —   *discus,* Sow., 1813, Min. conch., t. 1, p. 37, pl. 12.

    —   *discus,* Zieten, 1813, Pétrif. du Wurt., p. 21, pl. 16, fig. 3 (non *discus,* Zieten, pl. 11, fig. 2).

    —   *discus,* Pothiez et Michaud, 1838, Galerie des Mollusques de Douai, t. 1, p. 14.

Ammonites Herveyi, Sow.; d'Orb., p. 42, pl. 150.

    —   *Herveyi,* Sow., 1818, Min. conch., t. 2, p. 215, pl. 195.

    —   *Herveyi,* Haan, 1825, Amm. et Goniat., p. 133, n° 73.

    —   *Herveyi,* Phill., 1825, Yorkshire, p. 145.

    —   *Herveyi,* Bronn, 1837, Lethæ. géogr., t. 23, fig. 11, p. 455, n° 30.

Ammonites planula, Hehl.; d'Orb., p. 416, pl. 144.

— *planula,* Hehl, Zieten, 1830, Wurt., p. 9, pl. 7, fig. 5.

— *trifurcatus,* Zieten, 1830, Wurt., p. 4, pl. 3, fig. 4.

Ammonites Backeriæ, Sow.; d'Orb., p. 124, pl. 148-149.

— *plicomphalus,* Phill., 1829, Yorksh., p. 125.

— *Backeriæ,* Buch, Pétrif. remarq., t. 2, pl. 3, fig. 4.

— *planulatus,* Zieten, 1830, Wurt., p. 10, tab. VIII, fig. 1.

— *triplex,* Zieten, 1830, Wurt., p. 10, tab. VIII, fig. 3.

— *nodosus,* Zieten, 1830, Wurt., fig. 4.

— *comprimatus,* Zieten, 1830, Wurt., p. 11, tab. VIII, fig. 5-6.

— *anus,* Zieten, 1830, Wurt., tab. VIII, fig. 7-8.

— *Backeriæ,* Bronn, 1837, Lethœ. géog., p. 456, n° 31. pl. 23, fig. 12.

— *fluctuosus,* Pratt, 1841, Mag. of nat. hist., pl. 1, fig. 1-2.

Ammonites subdiscus, d'Orb., 1845, p. 421, pl. 146.

CLASSE DES MOLLUSQUES GASTÉROPODES

Ordre des Pectinibranches

FAMILLE DES PYRAMIDELLIDÉES

Chemnitzia Aspasia, d'Orb., 1847, p. 49, pl. 242, fig. 4.

Chemnitzia niortensis, d'Orb., 1847, p. 48, pl. 242, fig. 1-2.

FAMILLE DES TORNATELLIDÉES

Acteonina ? A. Espèce voisine de l'*A. cylindricea*, particulière au terrain Portlandien; son test ayant été dissous, il est difficile d'en déterminer l'espèce.

Acteonina ? B. Espèce également voisine de l'*A. cylindricea*, mais avec une ouverture de l'angle spiral plus prononcée (environ 170°), spire formée d'un angle un peu convexe, composé de tours convexes, le dernier tour, très grand, constituant à lui seul presque toute la coquille ; bouche allongée, arquée, très élargie en avant, rétrécie en arrière.

Acteonina ? C. Cette espèce est, comme celles A et B, voisine de l'*A. cylindricea ;* elle diffère de l'*Acteonina* B par son angle spiral qui est plus fermé ; il mesure environ 140°.

FAMILLE DES NATICIDÉES

Natica Pictaviensis, d'Orb., 1847.

Espèce voisine du *N. Lorieri,* mais plus allongée encore, les tours plus courts et plus renflés et ayant un léger ombilic.

Natica Verneuili, d'Arch., 1843, Mém., p. 378, pl. 30, fig. 3.

Natica Zelima, d'Orb., 1851, p. 195, pl. 200, fig. 7-8.

Cette espèce est voisine, par son allongement, du *N. Ranvillensis,* mais elle est plus longue, avec un angle moins ouvert ; son moule intérieur dénote une coquille très épaisse, caractère qui la distingue bien de l'autre, dont le moule dénote une coquille mince.

FAMILLE DES HALIOTIDÉES

Pleurotomaria obesa, Deslong.; d'Orb., p. 528, pl. 407, fig. 1-3.

— *obcsa,* Deslong.. 1848, Pleurot., p. 134, pl. 14. fig. 1 (non *obesa,* Morris et Lyeel, 1850).

Cette espèce est la plus répandue dans cet étage, mais très difficile à récolter, par rapport à la dureté du banc dans lequel elle se trouve ; aussi l'obtient-on rarement complète.

Pleurotomaria Luciensis, d'Orb., 1847, p. 518, pl. 402.

Pleurotomaria Ebrayana, d'Orb., 1854, p. 483, pl. 387.

Pleurotomaria Cotteauana, d'Orb., 1855, p. 519, pl. 403.

Pleurotomaria strobilus, Deslong.; d'Orb., p. 516, pl. 401.

— *strobilus,* Deslong., 1848, Mém. de la Soc. de Norm., t. 8, p. 116, pl. 11, fig. 3.

— *Lorieri,* d'Orb., Prod. de Paléont., t. 1, p. 268, Et. 10ᵉ, n° 125.

— *Bolina,* d'Orb., 1848, Prod., t. 1, p. 301, Et. 11ᵉ, n° 95.

FAMILLE DES STROMBIDÉES

Pteroceras atractoides, Deslong., 1843, Mém. Soc. linn. de Norm., t. 7, p. 166, pl. 9, fig. 7-8-9.

CLASSE DES MOLLUSQUES LAMELLIBRANCHES

FAMILLE DES ANATINIDÉES

Pholadomya texta, Agass., 1842, Étude critique,
p. 81, pl. 46, fig. 7-9.

FAMILLE DES ARCADÉES

Arca Euryta, d'Orb. 1847.

Grosse espèce, lisse, oblongue, plus épaisse que large, rostrée sur la région anale, ventrue du côté opposé.

FAMILLE DES CYPRINIDÉES

Myoconcha Aspasia, d'Orb., 1847.

Espèce voisine du *M. crassa*, mais plus large, plus courte et sans côtes aussi marquées.

CLASSE DES MOLLUSQUES BRACHIOPODES

FAMILLE DES RHYNCHONELLIDÉES

Rhynchonella concinna, d'Orb., 1847.
Terebratula concinna, Sow., 1815, t. 1, p. 189, pl. 83,
fig. 6-7.

Rhynchonella concinnoïdes, d'Orb., 1847.
Espèce voisine du *R. concinna*, mais beaucoup plus petite, grosse comme la moitié d'une noisette et moins large.

Rhynchonella Orbignyana quadriplicata, Baugier,
1847.

FAMILLE DES TÉRÉBRATULIDÉES

Terebratula Chauviniana, d'Orb., 1847.

Espèce oblongue, obtuse à la région palléale, acuminée au crochet, à petite valve presque plane, l'autre très bombée.

Terebratula Calloviensis, d'Orb., 1847.

Espèce voisine du *T. Chauviniana*, mais bien plus renflée, surtout à la petite valve, ovale, très variable dans sa région palléale, carrée, arrondie ou même bilobée ; la petite valve pourvue d'un sinus.

Terebratula Royeriana, d'Orb., 1845, in Murch., Russie, t. 2, p. 484, pl. 42, fig. 33-34.

— *ornithocephala*, Phill.

FOSSILES DE L'ÉTAGE KELLOVIEN

CLASSE DES MOLLUSQUES CÉPHALOPODES

Ordre des Acetabulifères

DIVISION DES DÉCAPODES

FAMILLE DES BELEMNITIDÉES

Belemnites hastatus, Blainv.; d'Orb., p. 121, pl. 18-19.

Espèce très commune ; les individus récoltés sont presque toujours brisés, surtout les adultes, auxquels il manque presque constamment l'alvéole ; leur dimension atteint jusqu'à 160 millimètres.

Hybotithes hastatus, Montf., 1808, Conch., Syst., p. 386.

Porodragus restitus, Montf., 1808, Conch,, Syst.,
    p. 390.

Belemnites lanceolatus, Schloth., 1813, Taschenb.,
    t. 7, p. 111.

—   *lanceolatus*, Schloth., 1820, Pétrif., p. 49,
    n° 8.

—   *fusoides*, Lam., 1822, An. sans vert., t. 7,
    p. 592, n° 2.

—   *fusiformis*, Mill., 1823, Trans. of the geol.,
    v. 2, pl. 7, fig. 22.

—   *hastatus*, Blainv., 1827, Belemn., p. 71,
    pl. 1, fig. 4 ; pl. 2, fig. 4 ; pl. 5, fig. 3.

—   *semi-hastatus*, Blainv., 1827, Belemn.,
    p. 72, pl. 2, fig. 5 ; pl. 5, fig. 1-2.

—   *clavatus*, Blainv., 1827, Belemn.

—   *gracilis*, Rasp., 1829, Ann. des sc. d'ob-
    serv., pl. 6, fig. 17-18.

—   *hastatus*, Rasp., 1829, Ann. des sc. d'ob-
    serv., pl. 8, fig. 91.

—   *ferruginosus*, Woltz, 1830, Mém., pl. 1,
    fig. 8, p. 36.

Actinocamax fusiformis, Woltz, 1830, Mém., pl. 1,
    fig. 6, p. 34.

Belemnites semi-hastatus, Zieten, 1830, Wurtem.,
    p. 29, pl. 22, fig. 4.

Actinocamax fusiformis, Hart.; Zieten, p. 25, fig. 3.

Belemnites unicanaliculatus, Hart., Zieten, 1830,
    p. 32, pl. 24, fig. 8.

—   *hastatus*, Desh., 1830, Encycl., p. 127, n°9.

—   *fusiformis*, Rœm., 1835, p. 176, n° 26.

—   *semi-hastatus*, Rœm., 1835, p. 175, n° 25.

—   *sub-hastatus*, Rœm., 1835, p. 177, n° 29.

Ordre des Tentaculifères

FAMILLE DES NAUTILIDÉES

Nautilus hexagonus, Sow., d'Orb., p. 161, pl. 35,
fig. 1-2.

— *hexagonus,* Sow., 1826, Min. conch., t. 6,
p. 55, pl. 529.

FAMILLE DES AMMONITIDÉES

Ammonites anceps, d'Orb., pl. 462, pl. 166-167.
Nautilus anceps, Rein., 1818, Naut. et Arg., pl. 7,
fig. 61, p. 82, n° 29 (non *anceps,* Zieten).

— *ellipticus,* Rein., 1818, Naut. et Arg.,
pl. 7, fig. 62, p. 83, n° 30.

Ammonites coronatus, Schloth., 1820, Pétrif., n° 13,
p. 68 (non *coronatus.* Brug., 1789).

— *dubius,* Zieten, 1830, Wurtemb., pl. 1,
fig. 2.

— *bifurcatus,* Zieten, 1830, Wurtemb., pl. 3,
fig. 3.

— *subfurcatus,* Zieten, 1830, Wurtemb.,
pl. 7, fig. 6.

Cette Ammonite, très commune et très caractéristique de cet étage, a beaucoup de variétés ; quelques individus sont très bien conservés.

Ammonites Backeriæ, Sow., 1827.

J'ai donné, à l'étage bradfordien, les noms synonymiques.

Ammonites bullatus, d'Orb., 1845, p. 42, pl. 142,
fig. 1-2.

Ammonites Calloviensis, Sow. ; d'Orb. , p. 455 ,
pl. 162, fig. 10-11.

—   *Calloviensis*, Sow., 1815, Min. conch ,
t. 11, p. 3, pl. 104.

—   *Calloviensis*, Haan, 1825, Amm. et Goniat.,
p. 116, n° 30.

—   *Calloviensis*, Phill., 1829, Yorck, pl. 141,
pl. 6, fig. 15.

—   *Calloviensis*, Bronn, 1837, Leth. geog.,
p. 459, pl. 15, fig. 14.

—   *Calloviensis*, Morris, 1843, Catal. Bret.
foss., p. 171.

Ammonites hecticus, Hartm., d'Orb., p. 432, pl. 152.

Cette espèce est assez rare dans cette tranchée.

D'Orbigny, dans sa *Paléontologie française*, donne
des figures (pl. 152) qui sont inexactes ; la partie de
spire formant l'ombilic de ses *A. hecticus* ne comporte
pas de côtes.

J'ai dans ma collection plusieurs beaux échantillons
de cette espèce où les côtes sont parfaitement visibles.

Nautilus hecticus, Rein., 1818, Naut. et Arg., pl. 4,
fig. 37-38 (non Zieten, 1830).

Ammonites bipunctatus, Schlot., 1820, Pétrif., p. 74,
n° 22.

—   *granulatus*, Haan, 1825, Amm. et Goniat.,
p. 113, n° 25.

—   *hecticus*, Hartm., 1830, Wurt., p. 21.

Ammonites Herveyi, Sow.; d'Orb., p. 428, pl. 150.

—   *Herveyi*, Sow., 1818, Min. conch., t. 2,
p. 215, pl. 195.

Ammonites Herveyi, Haan, 1825, **Amm.** et Goniat.,
p. 133, n° 73.

— *Herveyi*, Phill., 1829, Yorksh., p. 145.

— *Herveyi*, Bronn, 1837, Lethœ. geog., t. 23,
fig. 11, p. 455, n° 30.

Ammonites Jason, Zieten ; d'Orb., p. 446, pl. 159-160.

Cette espèce, voisine des *A. Duncani* et *Calloviensis*, par son dos carré, varie on ne peut plus,
suivant l'âge et les individus.

Au diamètre de huit à vingt millimètres, les tours
sont renflés. Au diamètre de vingt-cinq millimètres,
ils sont comprimés ; les tubercules du pourtour de
l'ombilic se marquent au contraire plus que les
autres. Au diamètre de cinquante millimètres, il ne
reste plus des deux rangées de tubercules internes
que la plus rapprochée de l'ombilic, et ces tubercules
sont bien plus saillants. J'ai retrouvé cette rangée de
tubercules sur tous les individus de plus grande
taille, mais il arrive que, sur certains individus qui
conservent la rangée interne de tubercules, les côtes
du dos disparaissent pour laisser la coquille complètement lisse.

Je n'ai pas rencontré d'*A. Jason* ayant les tubercules développés en pointes comme l'indiquent les
figures 3-4 de la planche 160 de d'Orbigny.

Cette espèce a donné lieu à des désignations nombreuses que je donne ci-dessous :

Nautilus Jason, Rein., 1818, Naut. et Arg., p. 62,
n° 8, pl. 111, fig. 15-17.

Nautilus Pollux, Rein., 1818, Naut. et Arg., p. 64,
n° 10, fig. 21-23.

—   *Castor*, Rein., 1818, Naut. et Arg., p. 63,
n° 9, pl. 111, fig. 18-20.

—   *Hylas*, Rein., 1818, Naut. et Arg., p. 65,
n° 11, pl. 111, fig. 24-26.

Ammonites ornatus, Schlot., 1820, Die. Pétrif., p. 75,
n° 25.

—   *Guillelmi*, Sow., 1821, Min. conch., t. 4,
p. 5, pl. 311, n° 19.

—   *Lautus*, Haan, 1825, Amm. et Goniat.,
p. 117, n° 31 *b*.

—   *bifurcatus*, Haan, 1825, Amm. et Goniat.,
p. 125, n° 53.

—   *ornatus*, Haan, 1825, Amm. et Goniat.,
p. 124, n° 151.

—   *Duncani*, Phill., 1829, Yorck, pl. 6, fig. 16
(non *Sowerby*).

—   *gemmatus*, Phill., 1829, Yorck, pl. 6,
fig. 17.

—   *Jason*, Zieten, 1830, Wurt., p. 5, pl. 4,
fig. 6.

—   *Guillelmi*, Zieten, 1830, Wurt., p. 19,
pl. 14, fig. 4.

—   *Jason*, Hartm., 1830, Wurt., p. 21.

—   *Castor*, Hartm., 1830, Wurt., p. 19.

—   *Hylas*, Hartm., 1830, Wurt., p. 21.

—   *Jason*, Rœm., 1835, p. 205, n° 48.

—   *Jason*, Fisch., 1837, Oryct. de Moscou,
p. 172, pl. 5, fig. 7.

Ammonites Jason, de Busch, Jura in Deutschland,
p. 63.

—   *Argonis*, Eschw., Ms.

—   *Jason*, Potiez et Michaud, 1838, Gal. de
Douai, t. 1, p. 15, n° 20.

—   *Jason*, Bronn, 1837, Leth. géog., p. 458,
n° 32, t. 23, fig. 14.

—   *Jason*, de Busch., 1840, Beitr. Zur.
Gebirgsform., p. 76-87-99.

—   *Elizabethæ*, Pratt, 1841, Ann. and Magaz.
of nat. hist., pl. 1, fig. 1-4, n° 1.

—   *Stutchburii*, Pratt, 1841, Ann. and Magaz.
of nat. hist., pl. 3, fig. 1.

—   *Jason*, d'Orb., 1845, Voyage en Russie de
MM. Murchison et Verneuil, pl. 36,
fig. 9-15.

Ammonites macrocephalus, Schloth.; d'Orb., p. 430,
pl. 151.

—   *macrocephalus* , Schloth. , 1812 , Min.
Tasch., t. 7, p. 70.

Globites macrocephalus, Haan, 1825, Amm. et Goniat.,
p. 146, n° 7.

Ammonites macrocephalus, Zieten, 1830, Wurt.,
t. 5, fig. 1-4.

—   *macrocephalus*, Hartm., 1830, Wurt.,
p. 22.

Ammonites modiolaris, Luid, d'Orb., p. 468, pl. 170.

Cette Ammonite est voisine, par sa forme renflée,
des *A. tumidus* et *Sutherlandiæ* ; elle s'en distingue
par son ensemble bien plus globuleux, par le pour-

tour de son ombilic formant un angle presque caréné et par son ombilic, dont les parois sont presque perpendiculaires.

Cette espèce est très rare dans cette tranchée ; je n'ai récolté que deux échantillons de jeunes individus assez mal conservés.

Ammonites modiolaris, Luid, Iconog., p. 19, t. 6,
        fig. 292.
   —   *sublævis*, Haan, 1825, Amm., p. 145.
   —   *sublævis*, Phill., 1829, Yorsh., p. 131,
        p. 141, pl. 6, fig. 22.
   —   *modiolaris*, Morris, 1833, Brit. foss.,
        pl. 174.

CLASSE DES MOLLUSQUES GASTÉROPODES

Ordre des Pectinibranches

FAMILLE DES PYRAMIDELLIDÉES

Chemnitzia Mysis, d'Orb., p. 52, pl. 242, fig. 8-9.

FAMILLE DES HALIOTIDÉES

Pleurotomaria cytherea, d'Orb., 1847, p. 542, pl. 412, fig. 6-10.

FAMILLE DES NATICIDÉES

Natica Calypso, d'Orb., 1847, p. 202, pl. 292, fig. 9-10.

CLASSE DES MOLLUSQUES LAMELLIBRANCHES

FAMILLE DES ANATIDÉES

Pholadomya carinata, Goldf., p. 267, pl. 155, fig. 6.
   —   *carinata*, Agass., 1842, Étude critique,
        p. 84, pl. 4, fig. 4-6.

Pholadomya decussata, Agass., 1840, Étude critique,
p. 74, pl. 4, fig. 9-10 ; pl. 4, fig. 7-11.

FAMILLE DES CYPRINIDÉES

Isocardia tener, Sow., 1821, Min. conch., t. 3, p. 171,
pl. 295, fig. 2.
—   *minima,* Desh., 1838, Traité élém., pl. 24,
fig. 6-7.
Ceromya tenero, Agass., pl. 8 *c*, fig. 1-12.

CLASSE DES MOLLUSQUES BRACHIOPODES

FAMILLE DES TÉRÉBRATULIDÉES

Terebratula Calloviensis, d'Orb., 1847 (voir l'étage
bradfordien).

Terebratula Royeriana, d'Orb., 1845, in Murchison,
Russie, t. 2, p. 484, pl. 42, fig. 33-34.
—   *ornithocephala,* Phill.

FOSSILES DE L'ÉTAGE DIVÉSIEN

CLASSE DES MOLLUSQUES CÉPHALOPODES

Ordre des Acétabulifères

DIVISION DES DÉCAPODES

FAMILLE DES BELEMNITIDÉES

Belemnites Aldorfensis, Blainv.; d'Orb., Paléontol.
univ., pl. 55, fig. 7-11 ; pl. 59, fig. 1-3.

Belemnites Puzosianus, d'Orb., Paléontol. univ.,
    pl. 35-50, fig. 9. Terrains jurassiques,
    t. 1, p. 118, pl. 16, fig. 1-6.

Belemnites sulcatus, Mill., 1823 ; d'Orb., p. 105,
    pl. 12, fig. 1-8.

—   *sulcatus*, Mill., 1823, Trans. of the géol.
    soc., t. 2, pl. 8, fig. 3, p. 59.

—   *apiciconus*, Blainv., 1827, Belemn., p. 69,
    pl. 2, fig. 2.

Ordre des Tentaculifères

FAMILLE DES NAUTILIDÉES

Nautilus granulosus, d'Orb., 1847, p. 162, pl. 35,
    fig. 3-5.

FAMILLE DES AMMONITIDÉES

Ammonites arduennensis, d'Orb., 1847, p. 500,
    pl. 185, fig. 4-7.

Ammonites athleta, Phill.; d'Orb., p. 457, pl. 163-164.
Cette espèce est très commune et atteint jusqu'à
400 millimètres de diamètre.

Ammonites athleta, Phill., 1829, Yorck, p. 128, pl. 6,
    fig. 19.

—   *ziphius*, Hell., 1830, Yorck, p. 128, pl. 5,
    fig. 2.

—   *ziphius*, Hartm., 1830, Wurt., p. 25, n° 4.

—   *perarmatus*, Roch, 1837, Blitr., tab. II,
    fig. 16.

—   *ziphius*, Rœm., 1839, Vert. Ool., p. 48,
    n° 51

—   *athletus*, Morr., 1843, Brit. foss., p. 170.

Ammonites bipartitus, Zieten; d'Orb., p. 443, pl. 158,
fig. 1-4.

Cette espèce peu commune est très variable suivant
l'âge : jeune, elle prend des pointes sur le dos ; elle
n'a des côtes latérales qu'au diamètre de treize à
quinze millimètres ; elle perd ces côtes au diamètre
de quarante millimètres. La coquille alors perd les
pointes du dos, puis la carène médiane, et le dos
paraît devenir rond.

Cette espèce se rapproche beaucoup, par ses trois
carènes, de l'*A. varians* des terrains crétacés.

Ammonites Chamusseti, d'Orb., 1846, p. 437, pl. 155.

Cette espèce se rapproche beaucoup de l'*A. cordatus*
adulte (rare).

Ammonites Chauvinianus, d'Orb., 1846, p. 460,
pl. 165.

Cette espèce est voisine de l'*A. anceps* par la ligne
lisse du milieu du dos ; elle s'en distingue par
l'absence de pointes latérales et par ses côtes non
bifurquées sur les côtés ; le test est constamment
dissous.

Ammonites coronatus, Brug. ; d'Orb., p. 465,
pl. 168-169.
— *coronata*, Brug., 1789, Encycl., p. 43,
n° 23 (non *coronatus* Schloth., 1813).
— *Banksii*, Sow., 1818, Min. conch., t. 2,
p. 229, pl. 200.
Planites coronatus, Haan, 1825, Am., p. 83, n° 5.
Ammonites coronatus, Zieten, 1830, Wurt., p. 1, pl. 1,
fig. 1.

Ammonites coronatus, Hartm., 1830, Wurt., p. 20, n° 4.

     —   *coronatus*, d'Orb., 1844, Russia of Ural,
t. 2, p. 440, pl. 36, fig. 13.

Cette espèce, commune dans certains bancs, se trouve très rarement complète, par suite de la structure lamelleuse du calcaire. Il arrive presque toujours qu'un délit se trouve dans l'intérieur de l'Ammonite et la divise en deux morceaux dans le sens de l'épaisseur.

Elle varie dans la plus ou moins grande ouverture de l'ombilic d'une manière très sensible et dans le nombre des côtes du dos, qui est deux ou trois fois celui des tubercules. Adulte, elle perd les côtes latérales et n'a plus que des ondulations au pourtour de l'ombilic. Elle devient ensuite tout à fait lisse et bien plus comprimée.

Elle se rapproche beaucoup de l'*A. Blagdeni* tout en s'en distinguant par son dos plus renflé, par ses tubercules latéraux plus nombreux et plus rapprochés de l'ombilic et par sa forme beaucoup plus épaisse.

Ammonites cristagalli, d'Orb., 1844, p. 434, pl. 153.

Cette espèce est l'une des plus charmantes qui aient été récoltées dans cette tranchée ; malheureusement les longues pointes qui existent dans le test font toujours défaut ; au lieu de ces pointes latérales, il y a un tubercule tronqué et chaque crête de la carène est marquée par une partie également tronquée.

Ammonites Deslongchampsii, Defr., p. 405, pl. 188,
fig. 1-2.

     —   *Deslongchampsii*, Defr., Dict. des sc.
nat., pl. 4, fig. 4.

Ammonites Galdrynus, d'Orb., 1846, p. 438, pl. 156.

Espèce très voisine de l'*A. cordatus* par sa compression et par les cannelures de son pourtour.

Ammonites hecticus, Hartm.; d'Orb., p. 432, pl. 152.

Espèce commune à cet étage et à l'étage kellovien (voir étage kellovien).

Ammonites Herveyi, Sow., 1818 ; d'Orb., p. 428,
pl. 150.

Comme l'*A. hecticus,* cette espèce est commune aux étages kellovien et divesien (voir étage kellovien).

Ammonites Jason, Zieten, 1830 ; d'Orb., p. 446,
pl. 159-160.

Espèce également commune aux étages kellovien et divésien (voir étage kellovien).

Ammonites Lalandeanus , d'Orb., 1847, p. 477,
pl. 175.

J'ai rencontré cette espèce souvent déformée ; son dos est saillant, arrondi, montrant néanmoins une tendance à former un angle ; sa déformation pourrait faire supposer que son pourtour est caréné, ce qui n'est pas.

Ammonites Lamberti, Sow.; d'Orb., p. 182, pl. 177,
fig. 5-11, pl. 178.

Cette espèce a été généralement appelée *A. Lamberti* par les principaux auteurs, sauf le cas suivant :
Ammonites Leachi, Morris, 1843, Brit. foss., p. 173.

Cette espèce, souvent confondue avec l'*A. cordatus,* s'en distingue bien nettement : jeune, par ses côtes toujours dépourvues de pointes latérales ; adulte, par son dos qui devient rond, tandis que chez l'*A. cordatus*, le dos est aigu et tranchant.

Ammonites lunula, Zieten ; d'Orb., p. 439, pl. 157.

Cette espèce est très abondante dans cette tranchée ; j'en possède un bel échantillon qui mesure 160 millimètres de diamètre ; c'est le seul trouvé de cette dimension dans la tranchée qui nous occupe.

Nautilus lunula, Rein., 1818, Naut., p. 69, t. 4,
    fig. 35-36.

Ammonites lunula, Zieten, Pétrif. du Wurt., p. 14,
    pl. 10, fig. 11.

—   *lunula*, Fisch., 1837, Oryct. de Moscou,
    p. 169, pl. 5, fig. 2, pl. 6, fig. 4.

—   *lunula*, Rœm., 1839, Ool., p. 48, n° 52,
    t. 20, fig. 26.

—   *Brightii*, Pratt, 1841, Amm. and Mag. of
    nat. hist., pl. 4, fig. 4.

—   *Londsdalii*, Pratt, 1841, Ann. and Mag. of
    nat. hist., pl. 4, fig. 2.

Ammonites Mariæ, d'Orb., p. 486, pl. 179.

—   *Leachi*, d'Orb., 1845, Russie and the Ural
    Mont., t. 2, p. 438, pl. 35, fig. 7-9.

—   *Lamberti*, Buch, 1846, Bullet. des Nat. de
    Moscou, n° 3, p. 242.

Ammonites Martiusii, d'Orb., 1845, p. 381, pl. 125
    (sous le faux nom de *Bajocensis*).

Ammonites modiolaris, Luid ; d'Orb., p. 468, pl. 170
    (voir étage kellovien).

Ammonites oculatus, Bean, 1729 ; d'Orb., p. 528,
pl. 200-201, fig. 1-2.

Charmante petite espèce, rare dans cette tranchée.
Je n'ai trouvé que deux individus de la forme renflée ;
je n'ai pas rencontré la forme comprimée.

Nautilus discus, Rein., 1818, Naut. et Arg., p. 60,
pl. 2, fig. 11-12.

Ammonites oculatus, Bean, 1829, Phill., 1829, Yorksh.,
pl. 5, fig. 16.

— *denticulatus,* Zieten, 1830, Wurtemb.,
pl. 13, fig. 3.

— *discus,* Zieten, 1830, Würt., pl. 11, fig. 2.

— *Serrulatus,* Zieten, 1830, Wurt., pl. 8,
fig. 8.

— *flexuosus,* Munst., Zieten, 1830, Wurt.,
pl. 28, fig. 7

— *parallelus,* Pusch, 1837. Polens paléont.,
p. 159, pl. 14, fig. 2.

— *oculatus,* Pusch., 1837, Polens, p. 158.

— *flexuosus-costatus,*   Quinst., 1847.

— *flexuosus-gigas,*   —

— *flexuosus-canaliculatus,*   —

— *flexuosus-globulus,*   —

— *flexuosus-inflatus,*   —

— *lingulatus-nudus,*   —

— *denticulatus,*   —

Ammonites pustulatus, Haan ; d'Orb., p. 435,
pl. 154.

Nautilus pustulatus, Rein., 1818, Naut. et Arg.,
p. 84, tab. VII, fig. 63-64.

Ammonites pustulatus, Haan, 1825, Amm. et Goniat.,
>p. 124, n° 50.
— *polygonius*, Zieten, 1830, Wurtemb.,
>p. 21, tab. XV, fig. 6.
— *pustulatus*, Hartm., 1830, Wurtemb.,
>p. 24, n° 4.

Cette espèce, presque aussi belle que l'*A. crista-galli*, s'en rapproche beaucoup ; elle est également du même groupe ; elle s'en distingue par ses côtes longitudinales plus marquées et par deux rangées de tubercules au lieu d'un sur les côtés.

Ammonites perarmatus, Sow.; d'Orb., p. 498,
>pl. 184-185, fig. 1-3.
— *perarmatus*, Sow., 1822, Min. conch., t. 4,
>p. 72, pl. 352.
— *biarmatus*, Zieten, 1830, Wurt., pl. 1,
>fig. 6.
— *perarmatus*, Rœm., 1836, Nordd. Ool.,
>p. 204, n° 46.
— *perarmatus*, Rœm., 1836, Nord. Ool.,
>p. 204, n° 47.
— *perarmatus*, de Buch, Amm., p. 5, fig. 8.
— *Backeriæ*, Quinst., 1847, Pétrif., p. 192,
>pl. 16, fig. 12.

Ammonites Sabaudianus, d'Orb., 1837, pl. 174.

Cette Ammonite, par les espèces d'oreilles placées de chaque côté du dos de la coquille, est voisine des *A. Backeriæ* et *Zigzag*.

Ammonites Sutherlandiæ, Murch.; d'Orb., pl. 176,
>pl. 177, fig. 1-4.

Ammonites Sutherlandiæ, Murch., Géol., Trans.,
  2ᵉ série, vol. 2, part. 2, p. 323.

—   *Sutherlandiæ*, Sow., 1818, v. 5, p. 121,
   pl. 563.

—   *omphaloides*, Sow., 1819, Min. conch.,
   t. 3, p. 73, pl. 242, fig. 5.

—   *omphaloides*, Haan, 1825, Amm. et Goniat.,
   p. 126, n° 56.

—   *omphaloides*, Morr., 1843, Brit. foss.,
   p. 174.

—   *Sutherlandiæ*, Morr., 1843, Brit. foss.,
   p. 176.

Cette espèce varie suivant l'âge et les individus qui
sont plus ou moins renflés et offrent sous ce rapport
des différences énormes.

Ammonites tatricus, Pusch ; d'Orb., p. 489, pl. 180.

—   *tatricus*, Pusch, 1837, Polens paléont.,
   p. 158, pl. 13, fig. 11.

—   *Demidofii*, Rouss., 1841, Voy. de M. Demi-
   dof, pl. 4, fig. 4.

—   *ponticuli*, Rouss., 1841, Voy. de M. Demi-
   dof, pl. 4, fig. 3, et *A. Huotiana*, fig. 6.

—   *tatricus*, d'Orb., 1845, Voy. en Crimée de
   M. Hommaire, t. 3, p. 422, pl. 1, fig. 6.

Ammonites tumidus, Zieten ; d'Orb., p. 469, pl. 171.

Nautilus tumidus, Rein., 1818, Naut. et Arg., p. 74,
  n° 21, pl. 5, fig. 47.

—   *platystomus*, Rein., 1818, Naut. et Arg.,
   pl. 81, n° 28, pl. 8, fig. 60.

Globites tumidus, Haan, 1825, Am. et Goniat., p. 146,
  n° 7.

Ammonites tumidus, Zieten, 1830, Wurt., p. 7, t. 5,
fig. 7.

— *Herveyi*, Zieten, 1830, Wurt., p. 19, t. 14,
fig. 3.

— *tumidus*, Rœm., 1835, Jur., p. 202, n° 44.

— *tumidus*, Pusch., 1837, Polens paléont.,
p. 158, n° 21.

Cette espèce est très rare mais, dans les individus adultes que j'ai trouvés, les sutures qui sont en creux sont parfaitement conservées.

J'ai rencontré cette espèce dans la carrière du Chalet, ayant des tubercules en oreilles de chaque côté du dos.

Ammonites tripartitus, Rasp., 1831 ; d'Orb., p. 496,
pl. 197, fig. 1-4.

— *tripartitus*, Rasp., 1831, Lycé, Ann. des
Sc. d'observ., 1829, pl. 11, fig. 5, pl. 12,
fig. 7.

— *quadrisulcatus*, d'Orb., 1841, Paléont.
franç., Ter. crét., t. 1, p. 151, n° 60 ;
pl, 49, fig. 1-3.

— *Eugenii-tripartitus*, Rasp., 1842, Hist. des
Amm., pl. 11, fig. 5.

CLASSE DES MOLLUSQUES GASTÉROPODES

Ordre des Pectinibranches

FAMILLE DES PYRAMIDELLIDÉES

Chemnitzia Bellona, d'Orb., 1847.

Espèce voisine du *C. procera*, mais ayant les tours bien plus longs et des lignes d'accroissement ondulées,

FAMILLE DES NATICIDÉES

Natica Clymenia, d'Orb., 1847, p. 201, pl. 292,
fig. 7-8.

Espèce très courte et reconnaissable par son méplat.

Natica Zangis, d'Orb., 1851, p. 198, pl. 291, fig. 10-11.
Natica Lorierei, d'Orb., 1847, p. 190, pl. 289, fig. 6-7.

FAMILLE DES HALIOTIDÉES

Pleurotomaria? Voisin du *P. Babeanana*, avec la
coquille moins allongée et les tours également en
gradins mais moins épais.

Pleurotomaria Germainii, d'Orb., 1855, p. 540,
pl. 411.

Belle espèce voisine du *P. obesa*.

Pleurotomaria Nysa, d'Orb., 1856, p. 545, pl. 44.
Ce beau pleurotomaire est rare, mais on le trouve
bien conservé.

Pleurotomaria Cytherea, d'Orb., 1847, p. 542,
pl. 412, fig. 6-10.

FAMILLE DES TURBINIDÉES

Straparolus Sapho, d'Orb., 1847.
Cette espèce est appelée :
Enomphalus, par Sowerby ;
Schizostoma, par Bronn ;
Ophileta, par Vanuxem ;
Platyschisma, par Mac-Coy.
Cette charmante espèce est déprimée, horizontale,
légèrement concave des deux côtés et à tours de spire

carrés. Je n'ai trouvé qu'un seul individu, bien conservé, surtout d'un côté.

Acteonina Sabaudiana, d'Orb., 1851, p. 173, pl. 288, fig. 10-11.

CLASSE DES MOLLUSQUES LAMELLIBRANCHES

Pholadomya crassa, Agass., 1842, Étude critique, p. 81, pl. 6 *d*, fig. 1-3.

Ceromya elegans, d'Orb., 1847.
Isocardia elegans, Desh., 1838, Traité élém. de conch., p. 15, pl. 24, fig. 3-4-5.

Mytilus solenoides, d'Orb., 1847.
Modiola imbricata, Sow., 1818, t. 3, p. 21, pl. 212, fig. 1.
—   *cuneata*, Phill.
Mytilus bipartitus, Goldf., pl. 131, fig. 3.
Modiola bipartata, Phill., pl. 4, fig. 30.
—   *tulipa*, Lam., 1819, An. sans vertèb., t. 6, p. 117.

Lima duplicata, Desh., 1838, Traité élém. de conch.
Plagiostoma duplicatum, Sow., Min. conch., pl. 559, fig. 3.

Plagiostoma duplicatum, Goldf., pl. 102, fig. 11.

    —   —   Phill., 1829, p. 112, pl. 6, fig. 2 (1).

FAMILLE DES CYPRINIDÉES

Isocardia campaniensis, d'Orb., 1847.

Espèce voisine de *I. tener*, mais plus renflée, à crochets plus contournés, plus obtuse sur la région anale.

CLASSE DES MOLLUSQUES BRACHIOPODES

FAMILLE DES TÉRÉBRATULIDÉES

Terebratula Calloviensis, d'Orb., 1847.

Espèce voisine du *T. Chauviniana* (voir étage bradfordien).

Terebratula Royeriana, d'Orb., 1845, in Murchis., Russie, t. 2, p. 484, pl. 42, fig. 33-34.

— *ornithocephala*, Phill., 1829.

Terebratula bicanaliculata, Schloth.; Zieten, 1830, p. 54, pl. 40, fig. 5.

— *bisubfarcinata*, Zieten, p. 54, pl. 40, fig. 3.

— *intermedia*, Sow., 1837.

---

(1) Il existe dans cet étage un banc très lamelleux qui se divise en feuilles de 5 à 20 millimètres d'épaisseur. Ce banc est formé d'un calcaire contenant beaucoup d'oolithes ferrugineuses, empâtant une quantité considérable d'une petite espèce de *Lima* très comprimée que je n'ai pu déterminer.

CLASSE DES ZOOPHYTES

Montlivaltia regularis, d'Orb.

Espèce cupuliforme, très régulière, à cloisons très saillantes en dessus.

FOSSILES DE L'ÉTAGE ARGOVIEN

CLASSE DES MOLLUSQUES CÉPHALOPODES

Ordre des Acetabulifères

DIVISION DES DÉCAPODES

FAMILLE DES LOLOGIDÉES

Teudopsis Bunellii, Deslong., 1835; d'Orb., p. 38,
pl. 1, fig. 1.
—   *Bunellii*, Deslong., 1835, pl. 1, Mém. de
la Soc. linn. de Norm., t. 5, p. 74, pl. 3,
fig. 1-2-3.
—   *Caumontii*, Deslong., 1835, Mém. de la
Soc. linn. de Norm., pl. 3, fig. 4-5.

Dans cet étage, où les *céphalopodes acétabulifères*
sont assez communs mais très difficiles à recueillir,
parce qu'ils sont complètement empâtés dans une
roche qui est très dure, ce n'est qu'en cassant les
bancs qu'on peut les voir.

J'ai pu recueillir un seul bel échantillon de *T. Bunellii*
après en avoir brisé un grand nombre.

FAMILLE DES BELEMNITIDÉES

Belemnites hastatus, Blainv.; d'Orb., p. 121, pl. 18-19 (voir les noms synonymiques dans l'étage kellovien).

Belemnites Didayanus, d'Orb., p. 126, pl. 20, fig. 1-5.

Belemnites Sauvanausus, d'Orb., p. 128, pl. 21, fig. 1-10.

Belemnites excentricus, Blainv.; d'Orb., p. 120, pl. 17.

Belemnites Duvalianus, d'Orb., p. 127, pl. 20, fig. 6-10.

Ordre des Tentaculifères

FAMILLE DES NAUTILIDÉES

Nautilus giganteus, d'Orb., 1815, p. 163, pl. 36-39, fig. 1-3.

Ce magnifique nautile, le plus grand connu, se rapproche, par son dos bi-caréné, du *N. biangulatus;* il s'en distingue, ainsi que tous les autres, par son dos excavé.

Je possède dans ma collection un individu qui a 400 millimètres de diamètre et il n'est pas complet.

FAMILLE DES AMMONITIDÉES

Ammonites Adelæ, d'Orb., 1844, p. 494, pl. 183.

Ammonites calloviensis, Sow.; d'Orb., p. 455, pl. 162, fig. 10-11.

Ammonites calloviensis, Sow., 1815, Min. conch.,
t. 11, p. 3, pl. 104.

Cette espèce est également appelée *calloviensis* par
Haan, en 1825, par Phill., en 1829, Bronn, en 1837,
et Morris, en 1843.

Ammonites ? Espèce gigantesque dont je possède un
échantillon incomplet qui mesure 850 millimètres
et pèse plus de 100 kilogrammes.

Coquille légèrement comprimée, non carénée ; elle
a dû certainement être ornée de côtes qui ont disparu
et sont remplacées par de simples ondulations ; spire
formée de tours un peu comprimés convexes et se
recouvrant très peu ; dos large et convexe.

Cette espèce ressemble à l'*A. Backeriæ*, sans avoir
les tours aussi rapprochés et son dos rappelle celui
des *A. coronatus* adultes, tout en ayant les tours plus
comprimés.

Ammonites Calisto, d'Orb., 1847, p. 511, pl. 213,
fig. 1-2.

Ammonites Constantii, d'Orb., 1847, p. 502, pl. 186.

Ammonites Duncani, Sow.; d'Orb., p. 451, pl. 161-
162.

— *Duncani*, Sow., 1817, Min. et conch.,
t. 11, p. 129, pl. 157.

Par Haan, en 1825 ; par Kieferstein, en 1834 ; par
Busch, en 1835 ; par Bronn, en 1837 ; par Fischer,
en 1837, par Morris, en 1843.

Ammonites ornatus, Schlot., 1820, Dic. Pétrif., p. 75,
n° 25.

Ammonites Rowlstonensis, Young et Berds, 1822,
      pl. 13, fig. 10.

—   *ornatus*, Haan, 1825, Amm. et Goniat.,
      p. 124, n° 51.

—   *Pollux*, Zieten, 1830. Wurt., p. 15, pl. 11,
      fig. 4.

—   *decoratus*, Zieten, 1830, Wurt., p. 18,
      pl. 13, fig. 5.

—   *Castor*, Zieten, 1830, Wurt., p. 15, pl. 11,
      fig. 3.

—   *Pollux*, Rœm., 1835, Ool., p. 206, n° 50.

—   *aculeatus*, Eichw.. Ms. de Buch, 1840,
      Beitr. zur Gebirgsf., p. 76.

—   *apertus*, de Buch, 1840, Beitr. zur
      Gebirgsf., p. 76.

Ammonites Eugenii, Rasp., d'Orb., p. 503, pl. 187.

—   *Eugenii*, Rasp., Amm., pl. 1.

Cette espèce est la plus commune de cet étage ;
elle atteint de grandes dimensions, jusqu'à 500 millimètres.

L'*A. Eugenii* jeune ressemble aux jeunes *A. Athleta*,
Arduennensis et *Constantii*, mais les adultes se dis-
tinguent de tous par leur grande taille et par deux
tubercules au lieu d'un de chaque côté du dos.

Ammonites Henricii, d'Orb., 1847, p. 522, pl. 198,
      fig. 1-2.

—   *Murchisoni*, Pusch., 1837, Polens paléont.,
      p. 152, pl. 13, fig. 5.

—   *Lingulatus-solenoides*, Quens., 1847,
      Pétrif., p. 131, pl. 10, fig. 10.

Ammonites Erato, d'Orb., 1847, p. 531, pl. 201, fig. 3-4.

Ammonites Goliathus, d'Orb. , 1847 , p. 519 , pl. 195-196.

Espèce voisine de l'*A. Sutherlandiæ* tout en s'en distinguant par ses tours plus larges et surtout plus anguleux latéralement.

Ammonites Marantianus, d'Orb., 1847, p. 583, pl. 207, fig. 3-5.

Ammonites subdiscus, d'Orb., 1845, p. 421, pl. 146.

Ammonites Toucasianus, d'Orb., 1847, p. 508, pl. 190.

Cette espèce montre ce singulier caractère tout exceptionnel d'avoir les côtes dirigées en arrière sur le dos, comme chez les Nautilus.

CLASSE DES MOLLUSQUES GASTÉROPODES

Ordre des Pectinibranches

FAMILLE DES PYRAMIDELLIDÉES

Chemnitzia Heddingtonensis, d'Orb., 1847, p. 56, pl. 244.

Melania Heddingtonensis, Sow., 1813, Min. conch., t. 1, p. 85, pl. 39, fig. 2.

—   *Heddingtonensis*, Bronn, 1837, Lethæa., pl. 21, fig. 9.

—   *lineata*, Rœm., 1839, Nord. Ool., pl. 10, fig. 2.

Melania Heddingtonensis, Deslong., 1843, Mém. de
la Soc. linn. de Norm., t. 7, p. 225,
pl. 12, fig. 9-10.
Chemnitzia Heddingtonensis, d'Orb., 1847, Prodr. de
paléont. Strat., t. 1, p. 352.

FAMILLE DES HALIOTIDÉES

Pleurotomaria tornata, d'Orb., 1856, p. 564, pl. 422,
fig. 6-8.
Trochus tornatus, Phill., 1829, Yorkshire, pl. 4, fig. 16.
— *tornatus*, Morris, 1843, Brit. foss., p. 164.
Cirrus rotundatus, Fisch., 1843.
Pleurotomaria Blodeana, d'Orb., 1847.
Trochus tornatus, Phill., Morris, 1854, Brit. foss.,
2ᵉ éd., p. 281.

CLASSE DES MOLLUSQUES LAMELLIBRANCHES

FAMILLE DES AVICULIDÉES

Pinna ? J'ai rencontré une espèce voisine du *P. crassissima*, mais plus longue et, comme elle, ayant seulement des lignes d'accroissement ; elle mesure 160 millimètres de longueur.

CLASSE DES MOLLUSQUES BRACHIOPODES

FAMILLE DES TÉRÉBRATULIDÉES

Terebratula digona, Sow., 1815, Min. et conch.,
vol. 2, pl. 96, p. 217.
— *indentata*, Sow., pl. 445, fig. 2.

Térebratula insignis, Schübler; Zieten, 1830, Petrif.,
 p. 53, pl. 40.

Terebratula Philipsii, Davids., 1847, Ann. Mag. Nat.
 hist., p. 255, pl. 18, fig. 9.

Terebratula vicinalis, Schloth., 1820 ; de Buch, Mém.
 de la Soc. géol. de Fr., t. 3, p. 192.

FAMILLE DES RHYNCHONELLIDÉES

Rhynchonella Orbignyana quadriplicata, d'Orb.,
 1847.

CLASSE DES AMORPHOZOAIRES

Cribospongia dictyota, d'Orb., 1847.
Scyphia paradoxa, Münst.; Goldf., 1831, Pétrif., t. 1,
 p. 11, pl. 4, fig. 2.
Cribospongia texturata, d'Orb., 1847.
Scyphia texturata, Goldf., 1830, t. 1, p. 6, pl. 2,
 fig. 9.
Cribospongia obliqua, d'Orb., 1847.
Scyphia obliqua, Goldf., 1830, Pétrif., t. 1, p. 9, pl. 3,
 fig. 5.
Cupulospongia patella, d'Orb., 1847.
Tragos patella, Goldf., 1830, Pétrif., t. 1, p. 14, pl. 5,
 fig. 10 ; pl. 35, fig. 2.

Montreuil-Bellay, le 25 décembre 1885.

TABLEAU

DES

ABRÉVIATIONS DES NOMS D'AUTEURS CITÉS

D'Orb.	D'Orbigny.		Desh.	Deshayes.
Sow.	Sowerby.		Rœm.	Rœmer.
Defr.	Defrance.		Rein.	Reinecke.
Phill.	Phillips.		Brug.	Bruguière.
Deslong.	Deslongchamps.		Eschw.	Eschwald.
Park.	Parkinson.		Blainv.	Blainville.
Agass.	Agassiz.		Mill.	Miller.
Rasp.	Raspail.		Morr.	Morris.
Goldf.	Goldfuss.		Ziet.	Zieten.
Schloth.	Schlotheim.		Fisch.	Fischer.
Lam.	Lamarck.		Müns.	Münster.
D'Arch.	D'Archiac.		Rouss.	Rousseau.
Hart.	Hartmann.		Davids.	Davidson.
Quenst.	Quenstedt.		Beau.	Beaugier.

Angers, imp. Germain et G. Grassin. — 1372-86.